CAHIERS DES DOLÉANCES

DES VILLES DE COSNE, VARZY, ET DE LA PAROISSE

DE LIGNORELLE

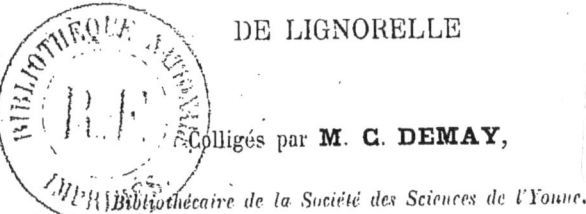

Colligés par **M. C. DEMAY**,

Bibliothécaire de la Société des Sciences de l'Yonne.

Extrait du *Bulletin de la Société des Sciences historiques et naturelles de l'Yonne*, 2ᵉ semestre 1886.

AUXERRE

TYPOGRAPHIE ET LITHOGRAPHIE DE G. ROUILLÉ

1887

CAHIERS DES DOLÉANCES

DES VILLES DE COSNE, VARZY, ET DE LA PAROISSE

DE LIGNORELLE

Colligés par **M. C. DEMAY,**

Bibliothécaire de la Société des Sciences de l'Yonne.

Extrait du *Bulletin de la Société des Sciences historiques et naturelles de l'Yonne*, 2ᵉ semestre 1886.

AUXERRE

TYPOGRAPHIE ET LITHOGRAPHIE DE G. ROUILLÉ

1887

CAHIERS DE DOLÉANCES

DES VILLES DE COSNE, VARZY, ET DE LA PAROISSE DE LIGNORELLE

Par M. C. Demay.

Dans ses bulletins des années 1885 et 1886, la Société a publié une série de cahiers de doléances de paroisses ressortissant du bailliage d'Auxerre pour les États généraux de 1789.

Cette collection, comprenant 144 cahiers, est loin d'être complète, comme je le disais en terminant, car il en manque 33 pour former la représentation entière de toutes les paroisses et communautés dépendant du bailliage.

Où se trouvent les cahiers absents ? Peut-être les retrouverait-on dans les registres des greffes des justices seigneuriales, car beaucoup furent rédigés par des hommes de loi, par des praticiens, selon le terme alors usité, occupant dans ces justices les charges de bailli ou de procureur fiscal. Quelques-uns ont pu être transcrits sur les registres des assemblées des communautés, là où ces communautés possédaient une existence quasi-municipale, et étaient régies par un syndic. Enfin, il est probable que des collections particulières, des dépôts publics, peuvent aussi en renfermer un certain nombre.

Voulant vérifier si cette dernière hypothèse était fondée, j'ai fait des recherches dans le fonds de la Société et aux archives de l'Yonne.

Mes recherches dans les archives de la Société n'ont pas été vaines, car parmi les documents nombreux et variés qu'elle possède, j'ai trouvé isolé et perdu au milieu de pièces historiques, celui d'une petite communauté ne dépendant pas du bailliage d'Auxerre, mais de celui de Troyes, et rejeté pour ce motif en dehors de la grande collection qui vient d'être imprimée.

Ce cahier est celui de Lignorelles, faisant partie avant la Révolution de l'Élection de Saint-Florentin et de la province de Champagne. Il est accompagné de son procès-verbal de nomination de députés chargés de le porter à l'assemblée générale du Tiers-État du bailliage, devant se tenir à Troyes.

Quoique Lignorelles ait appartenu à une province autre que celle à laquelle était rattaché l'Auxerrois, et que la publication de son cahier se trouvât ainsi en dehors du cadre dans lequel s'était renfermé la Société, j'ai pensé qu'il était utile de le faire connaitre, et qu'on ne lirait pas sans intérêt les vœux émis par cette petite commune, faisant aujourd'hui partie du département de l'Yonne et très rapprochée de son chef-lieu. Du reste, les documents constatant la situation morale et matérielle des habitants de nos contrées avant la Révolution, leurs besoins, les vexations auxquelles ils étaient en but, les réformes qu'ils réclamaient sont malheureusement trop rares pour qu'il soit permis de dédaigner ceux que le hasard fait rencontrer sous nos pas.

Je fais suivre ce cahier de différentes pièces appartenant également à la Société. Elles donnent une idée de l'état de gêne dans lequel se trouvait cette communauté depuis assez longtemps, et surtout pendant les dernières années précédant la Révolution.

Poursuivant mes recherches, j'ai trouvé aux archives de l'Yonne, dans le fonds de l'évêché d'Auxerre (1), deux cahiers très importants manquant à notre collection, ceux des villes de Cosne et de Varzy, toutes deux dépendant du bailliage d'Auxerre.

Je n'entreprendrai point de faire l'analyse de ces documents. Je me bornerai seulement à faire observer que le cahier, ou plutôt les cahiers de la ville de Cosne sont très remarquables tant au point de vue de la précision dans les idées que de la convenance de l'expression, et que tout dénote chez les rédacteurs de ces cahiers d'habiles praticiens, des hommes connaissant à fond tous les ressorts de l'administration civile et judiciaire de leur époque, dont ils font ressortir les vices et les abus sans ménagement comme sans aigreur, et surtout, ce qui ne se rencontre pas toujours dans les autres documents de ce genre, en tenant compte des droits légitimes de ceux que les modifications demandées pourraient léser.

Je pense donc que la Société rendra service aux études historiques en accueillant favorablement la publication de ces cahiers.

---

(1) G. 1670 et 1714.

COSNE-SUR-LOIRE.

Cahiers des doléances, plaintes et remontrances de la ville de Cosne-sur-Loire, arrêtés en l'assemblée générale des habitants, le 16 mars 1789.

PREMIER CAHIER.

Cahier contenant les remontrances, avis, plaintes et doléances que la ville et communauté de Cosne-sur-Loire charge ses députés, qui vont être nommés en exécution des lettres du roi du 7 février dernier, pour la convocation des États-généraux ; du règlement y annexé, et de l'ordonnance de M. le grand bailli d'Auxerre du 3 du présent mois de mars,

De proposer, remontrer, aviser et consentir tant dans l'assemblée des députés des villes et paroisses, qui doit avoir lieu à Auxerre le 23 du présent mois de mars, que dans celle des États-généraux, par les députés qui y seront nommés, savoir :

Dans l'assemblée des députés d'Auxerre,

Qu'il soit procédé en commun, autant que faire se pourra, à la rédaction du cahier et à la nomination des députés des trois ordres aux États-généraux ;

Que les députés aux États-généraux soient pris dans différentes paroisses, assez éloignées les unes des autres pour pouvoir procurer tous les renseignements qui seront jugés nécessaires par chaque localité ;

Que les officiers de justice, les fermiers, régisseurs et mandataires, et autres personnes qui sont dans la dépendance des seigneurs ecclésiastiques et des nobles ne puissent être députés aux États-généraux, afin d'écarter tout ce qui peut gêner la liberté des suffrages et porter toute espèce d'influence aux deux premiers ordres sur aucun des membres du Tiers ;

Que les députés du Tiers-État ne puissent être pris dans les deux ordres du Clergé et de la Noblesse.

Dans l'assemblée des États-généraux :

Que le Tiers-État insiste et oppose la plus ferme résistance pour que les voix soient prises par tête et non par ordre ;

Que le Tiers-État, représentant essentiellement la nation, reste assemblé et délibéré sur tous les objets qui sont le sujet de la convocation des États-généraux dans le cas où l'un des deux premiers ordres ou tous les deux ensemble prendraient le parti de se retirer ou refuseraient d'opiner.

Dans le cas où l'on serait obligé de s'occuper d'abord de ce qui regarde les impositions, qu'il n'y soit procédé qu'après avoir obtenu la parole sacrée de Sa Majesté que les États ne seront point dissous avant d'avoir délibéré sur tous les objets contenus dans le cahier des doléances ;

Que le Tiers-État, en s'empressant de reconnaître et de conserver le rang et la préséance qui sont dus aux deux premiers ordres, s'abstienne de tout acte qui emporteroit une humiliation avilissante et qui rappelleroit l'ancienne servitude féodale ;

Que la forme dans laquelle seront convoqués les États-généraux qui doivent succéder à ceux de la présente année, soit fixée d'une manière invariable ;

Que le retour des États-généraux soit assigné à une époque fixe et peu éloignée ;

Qu'il soit établi une commission intermédiaire entre la tenue des États-généraux, pour veiller à l'exécution de tout ce qui aura été décidé et arrêté dans l'assemblée précédente ; régler provisoirement tous les changements que les circonstances rendraient nécessaires ; la forme et la quotité des impositions ; faire tous les enregistrements qui avaient précédemment lieu dans les cours souveraines, en sorte que celles-ci n'aient plus à s'occuper que de prononcer d'après les lois, qui leur seraient envoyées munies du sceau royal et de ladite commission ; et que la justice ne puisse pas éprouver aucune de ces interruptions qui ont compromis l'état et la fortune de tous les particuliers ;

Que cette commission extraordinaire soit formée de sujets de toutes les provinces, qui seront reconnus les plus recommandables dans les trois ordres, en tel nombre qu'il sera jugé nécessaire, et de manière que le Tiers-État en compose au moins la moitié ;

Que les provinces jouissent toutes de l'avantage d'avoir des États particuliers ;

Que ces États particuliers soient formés par arrondissements et dégagés de tous les enchevêtrements qui existent entre les provinces et les généralités ;

Que la forme de ces États particuliers soit déterminée d'après le règlement qui vient d'être rendu pour ceux du Dauphiné ;

Que chaque État particulier soit subdivisé en autant d'arrondissements qu'il sera jugé nécessaire, pour députer directement aux États-généraux, afin d'éviter de donner lieu à des transports trop éloignés et trop dispendieux, et d'écarter toute espèce d'incertitude sur le choix des députés, qu'un trop grand éloignement met dans l'impuissance de se connaître ;

Que la présidence, dans chacun des dits arrondissements, soit déférée dans l'ordre ecclésiastique, au plus ancien de ceux constitués en dignité suivant l'ordre hiérarchique, au plus âgé dans l'ordre de la Noblesse, et pour l'ordre du Tiers au maire ou autre officier municipal qui le suivra de la ville qui formera le chef-lieu d'arrondissement ;

Que la vénalité des offices soit supprimée ;

Que les parlements et les cours des aides soient réunis pour ne former qu'une seule cour souveraine, et que le Tiers-État en compose au moins la moitié ;

Que l'étendue de leur ressort soit réglé de manière qu'elle n'occasionne plus aux plaideurs des frais de transport trop coûteux ;

Que tous les tribunaux d'exception soient supprimés, et que les tribunaux ordinaires connaissent de toutes les causes généralement quelconques, sauf l'appel aux présidiaux et aux cours souveraines ;

Qu'il n'y ait plus désormais que deux degrés de juridiction ;

Que les justices seigneuriales soient supprimées, sauf à pourvoir à l'indemnité des seigneurs, s'il y échet, en observant qu'elles le sont pour la plupart de fait par le défaut de résidence des juges ;

Qu'il soit établi des justices royales avec un ressort à peu près égal à celui des greniers à sel, en sorte que tout défendeur puisse dans une même journée instruire son défenseur, assister au jugement de sa cause et retourner dans son domicile ;

Que ces justices royales jugent souverainement jusqu'à concurrence d'une somme de 200 livres ;

Que les juges de ces justices royales soient éligibles par des députés nommés dans toutes les paroisses qui formeront leur ressort ;

Qu'il soit établi des commissaires de police dans toutes les paroisses, à l'instar de ceux qui existent dans les grandes villes, et qu'ils soient aussi éligibles par tous les habitants de chaque ville et paroisse ;

Que l'ordre de la justice civile soit simplifié, et qu'elle soit rendue la moins dispendieuse qu'il sera possible ;

Qu'il soit procédé à un nouveau tarif des droits des officiers de justice, et qu'il soit uniforme pour chacune des différentes cours du royaume ;

Que les actes et les vacations des notaires soient également payés d'après un tarif uniforme ;

Que tous les tabellionages des seigneurs soient supprimés, et qu'il n'y ait plus que des notaires royaux, qui ne seront reçus qu'après un certain temps d'épreuve, et dont les minutes passeront toujours, comme elles ont passé jusqu'à présent au successeur de l'office ;

Qu'une seule personne ne puisse plus cumuler deux offices différents, et que la partie publique, ainsi que les communautés, soient chargées de provoquer le jugement d'incompatibilité ;

Qu'il soit pris les mesures les plus efficaces pour que les degrés dans tous les genres ne soient plus accordés qu'à l'étude et au travail, et ne soient plus un vain titre qui couvre l'ineptie de ceux qu'il rend habiles à prendre toute espèce de charges, d'offices et de bénéfices ;

Que toutes les lois et tous les règlements soient adressés par les procureurs généraux à leurs substituts dans tous les différents sièges ;

Que les lettres de ratification ne puissent être scellées dans les présidiaux qu'après avoir été affichées pendant deux mois, tant dans les dits présidiaux que dans les justices royales, de la situation des biens, sur les certificats d'affiches qui seront donnés par les greffiers, et qui seront visés dans les dites lettres ;

Qu'il soit procédé incessamment à la réforme de toutes les coutumes dans la forme et de la manière qui seront arrêtés dans les États-généraux ;

Qu'il soit établi provisoirement un préciput légal entre gens mariés et communs qui assure au survivant des conjoints ses linges et hardes à son usage, un lit garni, et un coffre ou une armoire, à moins qu'il n'y soit dérogé par un contrat de mariage ;

Que les États-généraux délibèrent si les retraits lignagers seront ou non conservés. Dans le cas de l'affirmative, qu'ils soient dégagés de toutes ces formalités minutieuses qui alimentent la chicane et en rendent le succès incertain. Dans le cas de la négative, que toute personne soit autorisée à retirer la portion indivise qui aura été aliénée par son co-propriétaire ;

Que l'ordonnance criminelle soit incessamment réformée, et qu'il soit ordonné provisoirement que les interrogatoires seront publics, que les décrets seront décernés par trois juges au moins, que le règlement à l'extraordinaire sera rendu par le même nombre de juges ; que les criminels, en tout état de cause, pourront se faire assister d'un conseil qui sera autorisé à prendre communication de la procédure ; et qu'enfin, la peine de mort ne sera prononcée que dans le cas où le coupable aura attenté à la vie d'autrui, et où son crime sera établi de la manière la plus évidente ;

Que l'édit de 1771 soit révoqué et annulé, et que les juges royaux en première instance soient tenus d'instruire les procès criminels jusqu'à la sentence définitive, pour éviter le dépérissement des preuves, les transports fatigants et onéreux aux témoins et une trop grande accumulation des années dans les prisons des présidiaux ;

Qu'il n'y ait désormais aucun lieu de franchise pour servir de retraite aux banqueroutiers et aux criminels ;

Que ceux qui feront faillite conservent entièrement leur liberté, en donnant caution de se présenter en tout état de cause, pour leur procès leur être fait si leur faillite est jugée frauduleuse ;

Que nos seigneurs les évêques ne puissent s'absenter de leurs diocèses sans la permission du gouvernement ; qu'ils soient obligés à une résidence au moins de neuf mois par année ; que tous les ans ils soient tenus de visiter au moins la moitié de leurs diocèses ; pour remédier aux différents abus, surveiller les mœurs des curés et des vicaires, dont souvent la conduite, sans donner matière à une instruction extraordinaire est assez scandaleuse et publique pour être remarquée de tous leurs paroissiens, et pour éteindre en eux les principes de justice et de religion ;

Que les revenus des évêchés soient divisés en trois portions, dont une pour l'entretien des dits seigneurs évêques, qui réponde à leur dignité, une autre pour l'entretien et la réparation des bâtiments dépendant des dits évêchés, et la troisième pour le soulagement des pauvres ; qu'il y ait à cet effet un receveur établi dans chaque évêché pour toucher tous les revenus, qui sera chargé de remettre par quartier, directement à l'évêque, la partie destinée à son entretien, de payer la partie destinée aux réparations sur les mandats des officiers qui seront chargés d'en faire l'adjudication, et celle destinée aux pauvres, sur les mandats des dits seigneurs évêques ;

Qu'il en soit usé de même à l'égard des abbayes, prieurés et bénéfices simples à la nomination royale ;

Qu'un même individu, soit évêque, soit prêtre séculier ou régulier ne puisse cumuler deux bénéfices ;

Que les revenus des curés de campagne soient portés à une somme de 1,500 livres, et ceux des villes à 2,000 livres, mais qu'il leur soit fait défense de prendre aucun casuel, si ce n'est pour les prières qui leur seront demandées volontairement, et qu'ils ne pourront refuser ;

Qu'il soit laissé dans chaque diocèse des abbayes et prieurés vacants, dont le produit sera destiné à compléter la somme ci-dessus déterminée pour le revenu des curés, et à faire réparer ou reconstruire tous les presbytères, dont l'entretien et la reconstruction cesseront d'être à la charge des paroisses ;

Que le nombre des chanoines de cathédrale soit réduit à 20 ou 25, pour former le conseil des évêques, qui seront tenus de les consulter; que le revenu de chaque chanoine soit porté à 2,000 livres, et que le surplus des immenses revenus de cathédrale soit destiné à faire jouir chaque chanoine de collégiale d'un revenu de 1,200 livres au moins;

Que le nombre des chanoines de collégiale soit réduit ou porté à six, et que tous leurs canonicats soient destinés à former une retraite pour les anciens curés, qui ont porté toutes les fatigues du ministère;

Que les offices de nuit tant dans les cathédrales que dans les collégiales, soient renvoyés à une heure qui ne sera pas jugée incommode pour les vieillards, et qui attirera davantage le concours du peuple.

Qu'il soit fait défense aux curés de plaider, tant en demandant qu'en défendant, sans l'autorisation de leur évêque et d'un magistrat à ce proposé, dans la province, à peine de nullité de toutes les procédures;

Que tous les ordres mendiants soient supprimés;

Que les autres religieux, qui demeurent dans les campagnes, soient appelés dans les villes pour s'occuper de l'éducation de la jeunesse et seconder les curés voisins;

Que tout le clergé régulier soit soumis, ainsi que le clergé séculier, à la juridiction immédiate des ordinaires;

Que les ordinaires soient autorisés à accorder toutes les dispenses de parenté, et qu'il soit défendu de recourir à cet effet en cour de Rome;

Que toutes les places, tant dans l'Église que dans le militaire, soient données au mérite, sauf la déférence à mérite égal en faveur de l'ancienne noblesse;

Qu'il soit procédé à la réforme de l'éducation dans les colléges, et qu'il soit établi des maîtres d'école dans les campagnes éloignées des villes;

Que tous les chirurgiens, sans distinction, ne soient reçus qu'après les examens les plus rigoureux, comme étant appelés le plus ordinairement par la classe du peuple la moins fortunée, et pour que la vie des malheureux habitants de la campagne ne soit plus confiée aux soins des ignorants et des charlatans;

Que toutes les rentes foncières, en argent, en grains, même celles stipulées non rachetables ou dont la faculté de rachat est proscrite, soient soumises au remboursement à raison du capital au denier 20 des dites rentes;

Qu'il en soit usé de même à l'égard de toutes les rentes dues à l'église et aux gens de main-morte, qui seront tenus d'en faire remploi en rentes sur l'État ;

Qu'il en soit aussi usé de même à l'égard des rentes seigneuriales, des droits bordeliers, de ceux de coutume, de corvées et tous autres droits extraordinaires dus aux différents seigneurs, à l'exception du seul cens, qui sera conservé *in recognitionem dominii*, et perçu, autant que faire se pourra, d'une manière uniforme, dans chaque fief ou seigneurie ;

Que les seigneurs puissent, en conséquence, se jouer de leurs fiefs autrement que par la voie d'une rente non rachetable contenant un cens sur la partie aliénée, et en n'excédant point la portion fixée par la coutume pour le jeu du fief ;

Que l'État s'occupe du remboursement de tous les péages, tant par eau que par terre, et qu'ils soient supprimés, même avant d'être remboursés en payant à compter de la suppression l'intérêt du montant de l'évaluation du péage ;

Que les foires et marchés soient affranchis de tous droits, tant au profit du roi et des princes que de celui des seigneurs et des communautés ;

Que les places publiques, les rues, les remparts et les glacis des villes et communautés soient déclarés appartenir aux dites villes et communautés, et qu'en tant que besoin la propriété leur en soit transférée ;

Que les cultivateurs aient la liberté de récolter leurs grains et de les lier suivant l'usage consacré par le temps dans les différents lieux ;

Que ceux qui, au mépris des ordonnances, vont couper et mutiler les bois d'autrui puissent être arrêtés en entrant dans les villes et bourgs ; leurs bois, bestiaux et voitures saisis et confisqués, et qu'ils soient en outre punis suivant l'exigence du cas ;

Que les dépenses de l'État dans toutes les parties de l'administration soient fixées et arrêtées, et que les ministres soient déclarés responsables envers la nation de l'emploi des deniers, suivant leur destination ;

Que la masse des impôts soit proportionnée à celle des dettes, au déficit des finances et aux besoins de l'État ;

Qu'il n'existe désormais aucune espèce d'impôts qui ne frappe également sur le Clergé, la Noblese et le Tiers-État ;

Que les nouveaux impôts qui seront établis pour remplir le déficit et pour remplacer ceux des impôts déjà existant qui pèsent sur la classe la plus indigente du peuple, soient, le plus qu'il sera possible, exempts de toute espèce d'arbitraire, afin que le crédit et l'autorité ne puissent porter atteinte à leur juste répartition ;

Sc. hist.

Que l'impôt territorial en nature est celui qui paraît devoir être adopté de préférence ;

Qu'à l'égard des fonds qui ne rapportent point de fruits naturels l'impôt territorial peut être suppléé par une taxe uniforme, telle que serait celle sur les cheminées et sur les croisées des maisons, et sur les roues des différentes usines.

Quant aux impôts arbitraires dont la conservation sera jugée indispensable, que l'assiette en soit faite par les municipalités des villes et des campagnes avec des adjoints, dont le nombre sera réglé dans chaque ville ou paroisse, proportionnellement à sa population et à son étendue ;

Que le rachat de la corvée en argent étant représentatif de la prestation de la corvée en nature, toutes les paroisses soient cantonnées ; que les contributions des villes et paroisses éloignées de plus de deux lieues des grandes routes ne puissent être appliquées à leur entretien, et que toutes les contributions des autres paroisses soient employées à la réparation et à l'entretien des routes, qui seront jugées les plus utiles et les plus fréquentées ;

Que les devis soient communiqués aux officiers municipaux, et que les adjudications soient faites en leur présence, pour qu'ils puissent veiller à l'emploi de la contribution de leur paroisse, et à l'exécution du travail ;

Que la gabelle soit supprimée et le sel rendu commerçable, en percevant par le gouvernement un droit modique à la sortie des salages ;

Que le tabac soit de même rendu commerçable, en formant des magasins sur les frontières, d'où il sera délivré en carotte au commerce, au prix fixé par le gouvernement, afin d'éviter les vexations des fermiers-généraux et de tous leurs employés, qui absorbent une grande partie du produit des impôts de la gabelle et du tabac ;

Que tous les droits dépendant de la régie des aides soient aussi supprimés, et s'il était nécessaire qu'ils fussent remplacés par un impôt particulier, qu'il leur soit substitué une somme fixe et déterminée à payer par chaque muid de vin, d'après les inventaires qui seront dressés par les officiers municipaux des villes, et par les syndics des campagnes avec des adjoints, aux époques et dans la forme que les dits inventaires ont été faits jusqu'à présent par les employés ; pour les dites sommes être levées par un habitant préposé dans chaque paroisse, comme il s'est pratiqué jusqu'à présent pour la taille, et être portées chez le receveur des impositions de chaque arrondissement, sans le secours d'aucun employé qui en altère le produit ;

Que pour remplacer le produit des ventes du vin et de la viande en détail, les bouchers, charcutiers, aubergistes, cabaretiers et vendeurs à pot soient imposés à une somme annuelle, qui les exempte de toutes recherches et de tout exercice, et qui soit de même versée directement dans les coffres du receveur des impositions de l'arrondissement ;

Que les droits de contrôle et d'insinuation soient réduits et tarifés de manière qu'ils ne donnent plus lieu à aucune interprétation et à aucune extension ;

Que provisoiroirement les actes en faveur des hopitaux, les jugements et les partages sous signatures privées qui contiennent le secret de chaque famille, soient déclarés exempts de tous droits de contrôle et d'insinuation ;

Que, provisoirement encore, il n'y ait jamais lieu à double droit pour le centième denier dû à cause des mutations en ligne collatérale, sauf à envoyer d'abord des avertissements, et ensuite à décerner des contraintes après le délai expiré ;

Que les droits de franc-fief soient entièrement supprimés, comme ne portant que sur le Tiers-État, comme occasionnant tous les jours la ruine de certaines familles par le hasard des mutations qui se succèdent, et comme écartant la concurrence dans la vente des fiefs, et nuisant à la libre circulation des biens ;

Qu'il soit fait choix d'un mode particulier pour déterminer la contribution de ceux dont toute la fortune est dans leur portefeuille ;

Que les domaines du roi soient aliénés, et que le prix en soit appliqué à l'extinction des dettes de l'État ;

Que l'on s'occupe de diminuer les charges de l'État, et qu'à cet effet les appointements des gouverneurs et commandants des provinces et de tous les commissaires du roi soient réduits ; qu'il ne soit plus accordé de pensions qu'à ceux qui, après avoir mérité de l'État, sont dans l'impuissance de continuer leur service ; que toutes les autres pensions soient supprimées ; le Tiers-État aimant à se persuader que les grands seigneurs et les nobles trouveront leur récompense dans le champ de la gloire, qui lui est interdit et qui leur est ouvert ;

Qu'aucun impôt ne puisse à l'avenir être mis en ferme générale ni régie par des compagnies ;

Que la circulation intérieure ne puisse plus éprouver aucune gêne, et qu'à cet effet les barrières soient reculées aux extrémités du royaume ;

Que les privilèges exclusifs soient restreints ;

Que la noblesse ne soit plus qu'une récompense et cesse d'être le prix de l'argent ;

Que le coût des reconnaissances à terrier soit réglé en faveur des petits propriétaires de la campagne, suivant l'arrêt du Conseil du 19 juin 1736, pour le terrier de Versailles ;

Que l'asile des pauvres soit respecté comme celui des puissants et des riches, et qu'il ne soit sujet à d'autres recherches et à d'autres visites qu'à celle des ministres de la justice et des chefs des communautés.

Signé : De Beaubois de Grandes-Maisons, Grangier Desmaliers, Denoireterre, Periot, Puillaut, Ferrand, Buhard, Goisost, Camus, Buisson, Véé, Legros, Nozé, Baille Le Rasle, Chaumorot, Saillant, Maignan de Chazelle, Breton, Ferrand, Piot, Guillaumot, Guilleraut, Lemoine, A. Foing, Baille, Véé l'aîné, Quillier-Blon, Jouanin, Dugué, Dorloge, Jacques Jolivet, Quillier-Lamotte, Quillier Pierre, Fougnot, Dugué, Lebrun, Breuzard Marie, Frenard Barthélemy, Pinon, Bruand, Pinon, Lempereur, Chanenard, Bouquet, Davin, Pinon, Frossard, Dujardin, Foing, Rouger Morot, Bonneau, Saillant, Frossard père, Morot, Sauje, Denis, Desplaces, Foing, Coqueval, Despaty, Gallié, Durand, Poupe, Jean Batteau, Haton, Bouché, Lebrun, Perreau, Bougé, Paquier, Haton, Mezière, Moreau, Camus, Mollet, Gallard, Bertrand, Biron, Bonnin, Mercier, Renier, Cartellié fils, Auger, Racaud, Deschamps, Loiseau, Bertrand, Narjot, Caradicot, Frainiot, Déjérusalem, Ravot, Gariel, Gibault, Caradicot, Bonnet, Foing, Joseph Lejay, Millon, Fr. Dalligny, Billebault de Boisgirard, docteur en médecine de l'Université de Montpellier, conseiller du roy, son médecin ordinaire, et ancien maire de la ville de Cosne ; Rameau, échevin ; C. Lement, greffier.

Le présent cahier, contenant 15 pages, a été coté par première et dernière page, et paraphé *ne varietur*, au bas de chacune d'icelles, par nous, François-Augustin Grangier Desmaliers, avocat en parlement, bailli, juge magistrat ordinaire civil, criminel et de police au bailliage de la ville de Cosne-sur-Loire ; l'assemblée des habitants de la ville et communauté de Cosne, se tenant le 16 mars 1789.

Signé : Grangier Desmaliers.

DEUXIÈME CAHIER.

Le Roi ayant promis à tous ses sujets de proposer, remontrer, aviser et consentir tout ce qui peut concerner les besoins de l'État, la réforme des abus, l'établissement d'un ordre fixe et durable dans toutes les parties de l'administration, la prospérité générale du royaume et le bien de tous et de chacun; les habitants de la ville de Cosne s'empressent de profiter de la liberté précieuse que leur donne Sa Majesté de proposer sur tous ces importants objets leurs vues et leurs réclamations.

Pour éviter toute confusion, ils feront de chaque objet un article séparé.

Article 1er. — *Comment on opinera aux États-généraux.* — Ce seroit en vain que le Tiers-État aurait obtenu de la bienfaisance et de la justice de Sa Majesté un nombre de représentants égal à ceux des deux autres ordres, si la méthode abusive d'opiner par ordres avait lieu. Réunis par les mêmes intérêts comme par les mêmes privilèges, les deux autres ordres ne manqueraient pas d'étouffer la voix du troisième, et celui-ci serait absolument nul lorsque par le nombre des individus qui le composent, et par sa contribution aux charges publiques, il a lui seul cent fois plus d'intérêt que les deux autres. Il est donc juste et indispensable que dans toutes les délibérations qui seront prises par l'assemblée des États-généraux l'on opine par tête; ce doit être un assez grand avantage pour les deux autres ordres d'avoir autant de suffrages que le Tiers, lorsque les règles d'une juste proportion leur en donne beaucoup moins.

Conclusion. — A l'assemblée des États-généraux l'on opinera par tête et non par ordre.

Article 2. — *La forme de la législation.* — Tous les monuments font foi que pendant plusieurs siècles, les lois n'ont été établies que du consentement des États-généraux. Ce droit précieux et imprescriptible, la nation ne l'a jamais abdiqué, et elle est dans l'heureuse impuissance de le faire.

Conclusion. — Il ne sera, à l'avenir, reconnu aucune loi qu'elle n'ait été consentie par les États-généraux régulièrement assemblés.

Article 3. — *Comment les impôts seront établis.* — Que les impôts ne puissent être établis sans le consentement des peuples, c'est encore une vérité facile consignée dans toutes les histoires. En 1338, sous Philippe-de-Valois, il fut ordonné par les États, comme ils l'avaient déjà ordonné du temps de Hutin, qu'il ne fut fait, à l'avenir, aucune imposition que de leur consentement, et pour le bien évident de l'État, ou pour une très urgente nécessité. Cette maxime salutaire est d'autant plus respectable qu'elle vient d'être consacrée par la bouche de Sa Majesté.

Conclusion. — Il ne sera établi aucun impôt, de quelqu'espèce qu'il soit, qu'il n'ait été consenti et accordé par les États-généraux aussi régulièrement assemblés, et il en sera de même des emprunts qui ne pourront être regardés comme dette de l'État qu'autant qu'ils auront été approuvés et consentis par les États-généraux, qui fixeront les dépenses de tous les départements.

Article 4. — *Suppression des gabelles.* — Les gabelles, cet impôt désastreux, qui a fait si souvent gémir nos bons rois, entraînent des frais énormes de régie par cette armée formidable d'employés et de commis, qu'il faut soudoyer dans l'intérieur et sur les frontières du royaume. Les gabelles compromettent la tranquillité et la sûreté des citoyens par l'appât qu'elles présentent à la fraude et par les peines sévères qu'encourt le coupable. Les gabelles exténuent le cultivateur, et surtout celui qui est chargé d'une nombreuse famille. Les gabelles, en un mot, sont le plus dur et le plus intolérable de tous les impôts. Si les besoins présents ne permettent pas de renoncer au produit effectif qu'elles rendent à l'État, un impôt pécuniaire peut en tenir lieu.

Conclusion. — Les gabelles seront supprimées par un impôt pécuniaire équivalant à la somme qu'ils rendent de net au Roi, déduction faite des frais d'achat, transport, vente et régie, et à ce moyen le commerce du sel sera libre à tout le monde, comme il l'était avant l'établissement des gabelles ; bien entendu que tous les pourvus d'offices dans les sièges des greniers à sel seront exactement remboursés en espèces, car pour faire le bien général il ne faut pas faire d'injustice aux particuliers.

Article 5. — *Égalité de répartition de tout impôt pécuniaire entre tous les sujets du Roi.* — Les principaux membres du clergé et de la noblesse, et les corps les plus distingués dans l'État ont reconnu la justice et la nécessité d'une répartition égale de tout impôt pécuniaire entre tous les sujets d'un même État. Le reste du clergé et de la noblesse s'empressera sans doute de suivre l'exemple de ses chefs. C'est une justice que la nation a droit d'exiger, et il n'y aura donc plus, à l'avenir, de difficulté à répartir également entre tous les sujets du Roi la taille et ses accessoires.

Conclusion. — La taille et ses accessoires, la capitation noble et roturière, l'imposition pour les chemins, et même le logement des troupes apprécié en argent seront réunis et connus à l'avenir sous la seule dénomination de *capitation*, répartie par égalité et proportionnellement aux facultés de chacun, entre tous les sujets du Roi, de quelqu'état et condition qu'ils soient, sans distinction d'ordres ou de privilèges, et les exemptions d'imposition attachées à tous offices, charges, emplois et commissions quelconques seront supprimées, parce qu'elles tournent à la foule du peuple et ne peuvent subsister sans injustice.

Article 6. — *Diminuer les abus de l'arbitraire dans la répartition de la taille.* — C'est un vice inhérent à la nature de la taille de ne pouvoir être parfaitement exempte d'arbitraire. Mais si l'on ne peut pas effacer entièrement la tache des abus en cette partie, on peut au moins les diminuer en appelant à la confection des rôles les officiers municipaux des lieux et un certain nombre d'habitants notables. L'administration ne doit jamais perdre de vue ces opérations importantes ; c'est elle qui doit nommer les notables qu'elle jugera dignes de sa confiance ; c'est encore l'administration qui doit diriger et inspecter le travail des rôles par l'organe d'un commissaire nommé spécialement à cet effet, sans toutefois porter atteinte à la liberté des asséeurs.

Conclusion. — Les rôles des tailles seront faits tant par les officiers municipaux des lieux que par des habitants notables de toutes les classes, qui seront nommés d'office par la commission intermédiaire des États de la province, et en la présence d'un commissaire membre ou député par la commission intermédiaire.

Article 7. — *Suppression des vingtièmes et droits d'aides* — Si les vingtièmes étaient répartis avec égalité sur toutes les propriétés du royaume, ils seraient beaucoup moins onéreux au peuple qu'ils le sont dans l'état actuel ; mais une malheureuse expérience ne prouve que trop que les plus puissants de l'État ont presque toujours trouvé le moyen de se soustraire à la majeure partie de cette imposition qui reflue sur le propriétaire le moins aisé, sans défense et sans crédit. C'est lui qui paie la dette des Crésus, dont les possessions couvrent la majeure partie des paroisses.

A l'égard des droits d'aides, les dépenses effroyables que leur perception occasionne partout où ces droits sont établis absorbent une partie notable des produits, sans aucun avantage pour l'Etat. Il est donc bien intéressant d'établir un genre d'impôts dont la répartition, fixée par des règles géométriques, n'ait rien à craindre des efforts et de la puissance du crédit et réunisse l'avantage précieux d'une perception aisée et peu dispendieuse. Or il n'en est pas d'autre que l'impôt en nature. Cet impôt sera nécessairement juste dès qu'il sera nécessairement égal ; et il suffira d'ailleurs à remplir le vide des vingtièmes et des aides dès que l'on ne calculera que sur ce qui rentre de net de ces deux impôts dans les coffres du Roy.

Conclusion. — Les deux vingtièmes et sols pour livres existant actuellement, ainsi que les droits d'aides seront supprimés et convertis en un impôt en nature sur toutes les productions de la terre équivalant au produit effectif que les vingtièmes et droits du Roi rendent de net au Roi, déduction faite des droits de régie et perception.

Article 8. — *Taxe des effets en papier*. — Le capitaliste qui renferme toute sa fortune dans son portefeuille ne doit pas pour cela être exempt de la charge publique. Pour l'y faire contribuer, quel moyen plus efficace que celui d'assujettir à une taxe fixe et proportionnée tous les effets en papier ; le commerce, dit-on, souffrira des entraves, mais l'agriculture en souffre-t-elle moins ? Si les besoins de l'Etat exigent des contributions qui gênent le cultivateur, pourquoi l'homme à argent ou papier en serait-il affranchi ?

Conclusion. — Il sera établi sur tous les effets de commerce une imposition légère mais générale, pour tenir lieu des vingtièmes et droits d'aides que le capitaliste, qui ne récolte rien, n'est pas dans le cas de payer.

Article 9. — *Abolition des droits de franc-fief*. — Les droits de franc-fief, avilissants par leur objet et vexatoires par leurs effets, ne doivent pas subsister dans une nation libre. L'ordre de la noblesse aussi bien que celui du Tiers-État gagnera à cette suppression qui donnera aux uns la faculté de vendre, et aux autres celle d'acheter, sans crainte d'être inquiétés par les traitants.

Conclusion. — Les droits de franc-fief seront abolis par tout le royaume, et les fiefs pourront être possédés indistinctement par tous les sujets du Roi, sans autre charge que celle des devoirs féodaux.

Article 10. — *Les tarifs du contrôle et de l'insinuation réformés*. — Les proportions du tarif du contrôle et des insinuations sont évidemment défectueuses en ce qu'elles opèrent la surcharge des gens malaisés qui, pour des conventions légères, sont assujettis à des droits beaucoup plus considérables que les riches qui traitent d'objets importants.

D'ailleurs le tarif est obscur ou muet dans bien des cas et nécessite habituellement des interprétations qui tournent le plus souvent à la perte des contribuables. Il est intéressant et instant de remédier à tous ces inconvénients.

Conclusion. — Il sera fait un nouveau tarif des droits de contrôle et insinuation en la présence et du consentement des Etats-Généraux. Les articles du nouveau tarif seront rendus plus clairs, les cas et les espèces prévus avec plus de soin et les proportions changées et réformées, tant sur la quotité des droits que sur les qualités des contractants.

Article 11. — *Aliénation des domaines du Roi.* — Tous les domaines et biens fonds dans les mains du Roi ne servent, le plus souvent, qu'à enrichir quelques particuliers aux dépens de l'Etat; le produit en est absorbé par les frais de régie. Rentrés dans le commerce, ces biens redeviendroient sujets aux charges communes, et il n'en peut résulter pour la nation qu'un soulagement considérable. Il faut abdiquer le système de l'inaliénabilité dès que les motifs qui l'ont fait admettre ne subsistent plus.

Conclusion. — Tous les domaines du Roi en bien-fonds seront aliénés et le prix en provenant employé à acquitter les dettes de l'Etat, c'est-à-dire à rembourser les capitaux et ceux non exigibles de préférence à ceux qui sont exigibles.

Article 12. — *Par qui sera fait le département des impôts ?* — La division des impôts entre les différentes provinces du royaume doit être confiée à ceux qui, par leurs rapports avec les provinces, en connaissent mieux l'étendue et les forces.

Conclusion. — Les États-Généraux feront la division entre toutes les provinces du royaume. Les Etats provinciaux la feront entre toutes les élections de la province et même dans toutes les paroisses, s'il n'est établi un bureau ou tribunal d'imposition spécialement chargé de faire le département entre toutes les paroisses, sous l'inspection des Etats de la province.

Article 13. — *Un seul receveur dans chaque élection.* — La multiplicité des receveurs des impositions est inutile et onéreuse à l'Etat, parce qu'elle consomme en frais de régie, en gages, en gratifications, etc., une partie considérable des deniers perçus. Un receveur unique dans chaque élection qui versera directement ses fonds dans les caisses du Roi suffira aisément au service qui, dans le fait, et quoi qu'en puissent dire les gens intéressés au désordre, se borne à recevoir le dépôt et à le rendre.

Conclusion. — Il sera établi, dans le chef-lieu de chaque élection, un receveur général et unique de toutes les impositions, qui versera directement ses fonds dans les caisses royales, sauf ceux qui seront destinés pour les besoins particuliers de chaque élection, lesquels demeureront dans la caisse de ce receveur général et n'en sortiront que par l'ordre exprès des Etats de la province.

Article 14. — *Toutes les provinces converties en pays d'Etat.* — Le régime des Etats provinciaux ne peut être que très salutaire à la nation, pourvu que ces états soient subordonnés aux Etats-Généraux. Si les assemblées provinciales, qui ont beaucoup de rapport à ce genre de constitution, n'ont pas opéré tout le bien qu'elles ont désiré, on leur doit la justice de dire qu'elles ont mis un frein aux déprédations et rétabli l'ordre dans plusieurs parties. Converties en Etats provinciaux, les assemblées provinciales présentent toutes sortes d'avantages.

Conclusion. — Toutes les provinces du royaume seront converties en pays d'Etats, tous régis par des règles uniformes et communes à tout le royaume, sauf les exceptions que les localités et les traités pourront exiger, et tous subordonnés à l'assemblée des Etats-Généraux.

Article 15. — *Uniformité dans la constitution des municipalités.*
— Dans toutes les villes, bourgs et paroisses du royaume, la constitution municipale devrait être la même et cette uniformité contribuerait beaucoup à faciliter les opérations de l'administration.

Conclusion. — Dans toutes les villes, bourgs et paroisses du royaume, il sera établi des municipalités électives qui seront renouvelées tous les trois ans, toutes réglées par des principes uniformes et qui ne différeront entr'elles que par le nombre des membres de la municipalité, lequel sera proportionné à la population des lieux.

Article 16. — *Uniformité de coutume, de poids et mesures et de forme de procédure.* — La diversité des coutumes est un fléau qui n'est propre qu'à entretenir l'esprit de division et de procès parmi les citoyens.

« Louis XI désirait fort qu'on n'usât en France que d'une seule
« coutume, d'un seul poids et d'une seule mesure, mais la mort
« prévint l'exécution de ce grand dessein. »

Qui empêche d'y revenir sous un roi qui n'est occupé que du bonheur de ses peuples. L'on objectera peut-être qu'il est convenable que chaque pays fasse valoir ses usages, ses priviléges, l'habitude des citoyens et l'amour de la patrie ; qu'ainsi l'on ne pourrait pas, sans beaucoup d'inconvénients, détourner les peuples du penchant naturel qu'ils ont à suivre les usages domestiques où ils ont été élevés. L'on répond à cette objection, qui n'est pas neuve, qu'il seroit bien plus convenable et même beaucoup plus avantageux pour l'Etat qu'une même loi gouvernât tous les sujets d'un même empire. La condition de tout réduire à une seule loi assurerait pour toujours le repos et la tranquillité de tous les sujets du Roi, et les inconvénients qu'un reste de prévention peut faire imaginer contre une telle entreprise seraient bientôt dissipés et suivis d'un bonheur parfait et universel.

A l'égard des poids et mesures, il est d'autant plus aisé de les rappeler à l'uniformité que pour y parvenir le travail se réduit à une opération de calcul. En vain, pour empêcher cette réforme salutaire l'on oppose l'intérêt du commerce ; jamais le commerce ne saurait gagner à la confusion qui résulte de la bigarrure des poids et mesures, mais s'il y gagnait ce ne pourrait être que par l'effet de l'ignorance des vendeurs ou des acheteurs ; or un bénéfice qui auroit une pareille cause devrait être proscrit parce qu'il serait illégitime.

Quant aux formes de procédure, il n'y a qu'un entêtement ridicule qui puisse approuver cette diversité, parce qu'en effet personne n'a intérêt à ce que l'on procède plutôt de telle forme que de telle autre, mais le bien de l'ordre demande l'uniformité.

Conclusion. — Mêmes coutumes et mêmes poids et mesures seront établis dans tous le royaume, et il en sera de même des formes de procédure.

Article 17. — *Convocation périodique des États-Généraux.* — La convocation périodique de l'assemblée des États-Généraux est nécessaire pour empêcher les abus toujours prêts à se reproduire dans une grande administration, et il convient même qu'ils soient perpétuellement représentés par une commission intermédiaire, dont les pouvoirs limités ne lui laisseront que la liberté de faire le bien.

Conclusion. — Les États-Généraux du royaume seront assemblés tous les six ans, et dans l'intervalle ils seront représentés par une commission intermédiaire qui sera composée d'ecclésiastiques, nobles, magistrats, commerçants, cultivateurs et bourgeois, lesquels seront nommés par l'assemblée des États-Généraux. Cette commission sera chargée seulement de faire exécuter les délibérations et arrêtés de l'assemblée des États-Généraux et d'ordonner provisoirement tout ce que le service d'Etat exigera, à la charge par la commission intermédiaire de rendre compte de tout ce qu'elle aura fait à la prochaine assemblée des États-Généraux.

Article 18. — *Convocation périodique de l'assemblée des États provinciaux.* — Le travail des Etats provinciaux ne doit pas non plus perdre son activité, et il est intéressant que ces Etats soient représentés par une commission provinciale.

Conclusion. — Les Etats provinciaux seront assemblés tous les trois ans, et dans l'intervalle il sera établi une commission intermédiaire provinciale correspondante avec la commission intermédiaire des États-Généraux à laquelle elle sera subordonnée.

Article 19. — *Suppression des religieux rentés.* — L'inutilité reconnue de tous les corps religieux rentés et les avantages sans nombre que l'on retirerait de leurs biens pour former des établissements utiles sont des motifs puissants pour les supprimer. Ce n'est pas la première fois que la Nation a fait entendre son vœu sur cet objet important ; il est temps enfin que des préjugés ridicules fassent place à la raison. Les colléges et maisons d'éducation manquent dans plusieurs villes ; les écoles sont rares dans la campagne, les revenus des hôpitaux, hôtels-Dieu et bureaux de charité sont médiocres en plusieurs lieux et ne suffisent pas à beaucoup près au soulagement des pauvres et des malades ; les curés, ces citoyens précieux, qui rendent tant de services à la religion, et par suite, à l'Etat, n'ont pas en beaucoup d'endroits l'extrême nécessaire, les ordonnances les autorisant à exiger des rétributions onéreuses dont leur délicatesse est alarmée et leur charité est souvent obligée d'en faire le sacrifice au soulagement de leurs paroissiens. La suppression des religieux rentés fournit un moyen de remédier à tous ces maux, et ce remède salutaire ne peut que s'accorder parfaitement avec la pieuse intention des fondateurs.

Conclusion. — Les communautés de religieux rentés seront supprimées et leurs biens employés à des établissements utiles tels que des colléges et maisons d'éducation dans les villes, des écoles dans les campagnes, l'augmentation des hôpitaux, hôtels-Dieu et autres lieux de charité et l'amélioration du sort des curés, qui sera porté, savoir : pour les curés de ville, à 2,000 livres, et pour ceux de la campagne, à 1,500 livres ; pour les vicaires de villes à 800 livres, et pour ceux de la campagne à 600 livres, et à ce moyen tout le casuel demeurera restreint à l'émolument des messes.

Article 20. — *Arrondissement et rapprochement des paroisses de campagne.* — Les paroisses de la campagne sont mal arrondies ; les distances qui séparent les paroisses de leur clocher sont souvent énormes ; l'humanité veut que l'on vienne au secours des malheureux habitants de la campagne, qui sont souvent obligés de souffrir toutes sortes de misères et de fatigues pour aller chercher loin d'eux les secours spirituels que l'habitant des villes trouve à côté de lui.

Conclusion. — Les paroisses de campagne seront arrondies et arrangées de manière qu'il n'y ait pas plus d'un quart de lieue de distance des habitations au clocher, et où la distance se trouvera plus considérable, il sera établi des paroisses ou des succursales.

Article 21. — *Réparations des chemins de paroisse à paroisse.* — Les chemins de paroisse à paroisse sont trop négligés et le plus souvent impraticables. L'habitant des champs, qui paye si cher **pour l'entretien des grandes routes, dont il ne profite pas, a droit de réclamer la réparation des chemins qui lui sont le plus nécessaire.**

Conclusion. — Les chemins de paroisse à paroisse seront réparés avec les fonds publics et redressés autant qu'il sera possible.

Article 22. — *Suppression du corps des ponts et chaussées.* — Le corps des ponts et chaussées est d'une inutilité évidente et prodigieusement onéreuse à l'Etat par la cherté de ses services et par le défaut absolu d'économie dans l'emploi des fonds. Ses fonctions doivent être confiées aux Etats provinciaux qui administreront cette partie d'une manière très avantageuse à l'Etat, suivant que les essais déjà faits en différentes provinces en font foi. Les officiers du génie militaire sont d'ailleurs à portée de faire le service des ponts et chaussées sans qu'il en coûte une obole à l'Etat, et c'est ce qui se pratique avec succès dans les différentes cours de l'Europe et notamment en Prusse.

Conclusion. — Le corps des ponts et chaussées sera supprimé, ses fonctions attribuées aux Etats des provinces et le service fait par les officiers du génie militaire.

Article 23. — *Publicité des loix et réglements.* — Les loix ne sont jamais assez connues en France. Adressées aux bailliages royaux, elles restent ensevelies dans les greffes sans que les justiciables du ressort, et souvent les juges eux-mêmes, en aient la moindre connaissance. Le seul moyen de remédier à cet inconvénient est d'adresser tous les édits, déclarations, ordonnances et réglements, quel qu'en puisse être l'objet, à toutes les justices du royaume et de les faire afficher et publier aux portes des églises de campagne.

Conclusion. — Toutes les loix, édits, déclarations, ordonnances et réglements du royaume seront rendus publics par l'envoi qui en sera fait dans toutes les justices, soit directement par les cours, soit indirectement par l'entremise des bailliages supprimés, lus à l'audience, publiés et affichés aux portes des églises de campagne et ensuite déposés au greffe, où tout justiciable pourra en prendre communication sans frais.

Article 24. — *Le tableau des hypothèques rendu public.* — Le tableau des hypothèques n'est pas non plus assez connu. Un exemplaire imprimé, répandu dans tout le ressort et envoyé tous les quinze jours avertirait tout le monde. Les créanciers ne se trouveraient pas, comme cela est arrivé souvent, privés de leurs hypothèques par une vente tenue secrète et transcrite dans un tableau ignoré.

Conclusion. — Le tableau des hypothèques sera imprimé et envoyé dans toutes les justices du ressort, tous les quinze jours, publié à l'audience et aux portes de toutes les églises de campagne et ensuite affiché dans l'auditoire d'où il ne sera retiré que lorsqu'il sera remplacé par le tableau suivant.

Article 25. — *Suppression de la vénalité des charges.* — La vénalité des charges et surtout de celles de judicature a été introduite par la nécessité. Il est intéressant de la supprimer aussitôt que les besoins de l'Etat le permettront. Les fonctions de la justice devraient être gratuites comme celles du sacerdoce.

Conclusion. — La vénalité des charges sera supprimée aussitôt que les besoins de l'Etat permettront de rembourser les titulaires.

Article 26. — *Arrondissement des bailliages royaux.* — Les bailliages royaux sont, en général, mal arrondis. L'on peut aisément, par une nouvelle distribution, rapprocher les justiciables de leurs juges.

Conclusion. — Il sera fait une nouvelle division de tous les bailliages, ayant la connoissance des cas royaux, par arrondissement, et telle qu'aucun justiciable ne soit éloigné du chef-lieu du bailliage royal du territoire de plus de dix lieues.

Article 27. — *Suppression des hautes justices sans paroisse.* — Les hautes justices sont trop multipliées. Souvent dans la même paroisse on trouve quatre et cinq justices, parce qu'il s'y trouve quatre ou cinq fiefs. C'est là un abus qui doit être réformé.

Conclusion. — Toutes les hautes justices attachées à de simples fiefs sans paroisse seront réunies aux hautes justices des paroisses, ou bien toutes les justices seigneuriales ; même les justices royales subalternes seront supprimées et remplacées par des bailliages royaux.

Article 28. — *Suppression des offices de jurés-priseurs.* — Les offices des huissiers-priseurs sont infiniment onéreuses aux citoyens. Ils sont le fléau des malheureux débiteurs et des créanciers dans les campagnes. L'on a vu souvent le mobilier des mineurs consommé en totalité par les frais de prisée et vente. C'est une exaction qu'il est intéressant de proscrire.

Conclusion. — Les offices des huissiers-priseurs seront supprimés par tout le royaume.

Article 29. — *La procédure simplifiée.* — L'on annonce depuis longtemps un code civil ; il est désiré par tout le monde et il est nécessaire pour simplifier les formes et les procédures trop compliquées et trop dispendieuses.

Conclusion. — La procédure sera simplifiée et mise à la portée de tout le monde.

Article 30. — *Admission du Tiers-Etat aux emplois civils et militaires.* — L'exclusion du Tiers-Etat de certains offices civils et militaires étouffe l'émulation et les talents. Elle est si injuste qu'il y a lieu d'espérer que l'ordre de la noblesse se réunira à celui du Tiers pour solliciter le rétablissement de l'ordre et de l'équité.

Conclusion. — Le Tiers-Etat sera admis à tous emplois civils et militaires et toute exclusion qui auroit pu être prononcée jusqu'à présent sera abrogée.

Article 31. — *Remboursement de toutes rentes et charges foncières et suppression des banalités.* — Les rentes foncières, ainsi que toutes les autres redevances et charges foncières en argent, en grains ou autres denrées mettent des entraves à l'agriculture et occasionnent des guerres continuelles entre les créanciers et les débiteurs. Le bien des uns et des autres exige que toutes ces sortes de charges soient rendues remboursables. C'est déjà la règle établie pour les rentes foncières dues sur les maisons des villes ; pourquoi, sur les campagnes, ne jouiraient-elles pas de la même faveur ? Les banalités sont odieuses et injustes. C'est un esclavage qui trouble la tranquillité des citoyens et les met à la merci des fermiers.

Conclusion. — Toutes les rentes foncières et redevances en grains, argent, volailles et autres denrées seigneuriales, ou non seigneuriales, censuelles, féodales, bordelières et généralement toutes charges foncières seront remboursables et les banalités supprimées.

Artiicle 32. — *Etablissement d'un collége à Cosne.* — La position de Cosne est très avantageuse pour l'établissement d'un collége. Placé sur les bords de la Loire, traversé par la route de Paris à Lyon, l'air y est sain, les eaux bonnes ; les denrées de première nécessité n'y manquent pas. Le Berry y apporte des grains d'une excellente qualité. Tous les comestibles y abondent. Cosne a des communications ouvertes avec le Donziais, le Nivernais, l'Orléanais, le Gâtinais, et il n'est séparé du Berry que par la Loire. Un collége à Cosne serait utile à un arrondissement immense. Il serait particulièrement avantageux aux habitants de cette ville, qui sont réduits à l'alternative fâcheuse ou de s'épuiser pour placer leurs enfants dans des pensions éloignées ou de renoncer à leur donner de l'éducation. Ainsi l'intérêt public, autant que l'intérêt particulier du pays, sollicitent l'établissement d'un collége à Cosne, et les domaines immenses de l'abbaye des Roches, qui est voisine, en offrent des moyens faciles et qui ne coûteraient rien à l'Etat. Aucun citoyen, sans doute, ne disconviendra de l'utilité et de la nécessité de l'instruction ; aucun n'osera ravaler de prix des connaissances et des belles-lettres, car sans les belles-lettres, sans les connaissances sublimes de la philosophie, la nation serait-elle parvenue au bonheur dont elle jouit d'être consultée par son maître ?

Conclusion. — Il sera établi un collége à Cosne, et les fonds nécessaires pour cet établissement seront pris sur les domaines de l'abbaye de Notre-Dame des Roches.

Article 33. — *Réparation des ponts de la rivière de Noin.* — La réparation des ponts de la rivière de Noin à Cosne n'est pas seulement utile, elle est nécessaire, indispensable et pressante. Ces ponts, en effet, sont en ruine et le passage en est dangereux, ce qui n'intéresse pas moins tout le royaume que Cosne en particulier, puisque ces ponts sont traversés par la route très fréquentée de Paris à Lyon par le Nivernais. Et c'est un devoir à tout citoyen de toute communauté de dénoncer à la nation le danger d'un pareil passage.

Conclusion. — Les ponts de la rivière de Noin seront réparés sans retard.

Article 34. — *Ponts construits sur la Loire.* — Des ponts sur la Loire, vis-à-vis Cosne, procureront des avantages immenses aux deux provinces de Bourgogne et de Berry. En établissant entre ces deux provinces une communication qui n'existe pas, ils faciliteroient l'importation des vins d'Auxerre et des pays adjacents, celle des chanvres, des laines, des grains, des fers et des bois du Berry. Cosne est d'ailleurs le point central entre Gien et La Charité, qui ont des ponts, et le chef-lieu le plus considérable dans l'intervalle de ces deux villes. Enfin il y a lieu d'espérer que les seigneurs et les habitants des paroisses voisines sur les deux bords ne se refuseraient pas à une contribution qui viendrait au secours de l'Etat.

Conclusion. — Il sera construit des ponts sur la Loire, vis-à-vis Cosne.

Article 35. — *Etablissement de quatre foires à Cosne.* — La ville de Cosne sollicite depuis longtemps l'établissement de quatre foires qui ranimeraient le commerce trop négligé dans cette partie du royaume. Justement effrayée par les formes et par les frais, cette ville a été obligée d'étouffer ses réclamations, mais la nouvelle administration qui se prépare lui rend tout son courage. Comme l'objet de sa demande tient à l'utilité publique, elle a lieu d'espérer qu'elle sera accueillie et que la concession des foires ne sera plus un objet de finance.

Conclusion. — Il sera établi quatre foires à Cosne, outre les deux qui existent déjà ; deux des foires à établir seront portées sur la paroisse de Saint-Aignan, les deux autres sur celle de Saint-Jacques.

Article 36. — *Diminution de la taille à Cosne.* — La ville de Cosne est surchargée de taille et il n'y a d'autre cause que l'injuste répartition qui a été faite entre les différentes paroisses de l'élection de Gien. Cette injustice est si choquante que malgré l'infériorité extrême de Cosne à Gien, Cosne se trouve beaucoup plus imposé que cette dernière ville. D'où vient cette injustice et comment arrive-t-il que la paroisse qui possède moins paye le plus ? Les habitants de la ville de Cosne n'entreprendront pas de répondre à cette question. Ils leur suffit qu'ils soient surchargés pour être autorisés à demander justice.

Conclusion. — Il sera fait une nouvelle répartition ou repartement de la taille entre toutes les paroisses de l'élection de Gien, lors duquel les officiers municipaux des villes et paroisses et notamment ceux de Cosne seront appelés.

Article 37. — *Les revenus patrimoniaux doivent être augmentés.* — En général les revenus patrimoniaux des villes sont trop modiques. La ville de Cosne a particulièrement à se plaindre de la modicité des siens. Ils ne suffisent pas même pour faire face aux dépenses ordinaires et annuelles, de manière qu'il ne reste aucune épargne en caisse et que dans les temps fâcheux la communauté se trouve réduite à l'impossibilité d'apporter aucun soulagement aux nécessités publiques. La ville de Cosne en a fait la triste expérience pendant ces froids rigoureux qui ont affligé pendant quelques mois notre hémisphère, si un citoyen de cette ville n'eut eu la générosité d'aider le public de ses fonds et de son crédit pour faire venir les denrées de première nécessité qui y manquaient par la difficulté de moudre ; il eut fallu recourir au moyen extrême d'une contribution générale ou à celui des emprunts.

Conclusion. — Les revenus de la ville de Cosne seront portés à 4,000 livres qui seront retenus sur le total de ses impositions et remises dans le trésor de la communauté pour être compté chaque année au 1ᵉʳ octobre de l'emploi d'icelle somme en l'assemblée générale des habitants et en présence d'un commissaire, député par la commission intermédiaire des Etats de la province.

Article 38. — *Pavage des rues de Cosne.* — Les rues de Cosne ne sont pavés qu'en partie. Il en reste beaucoup d'autres sur les deux paroisses de Saint-Jacques et de Saint-Aignan qui auroient également besoin de l'être. La grande route surtout s'étend dans l'intérieur de Cosne dans une longueur considérable du côté de Paris sans pavés, de manière que dans les temps de pluie, les gens de pied ont beaucoup de peine à passer et les riverains ne peuvent entrer chez eux. Un objet de dépenses de cette importance ne peut être laissé aux charges des particuliers, d'autant qu'ils ne sont pas riches, et la communauté de Cosne n'a pas de fonds.

Conclusion. — Toute la partie de la route de Paris à Lyon qui traverse Cosne sera pavée, et cet objet de dépense mis sur l'état du Roi. A l'égard des autres rues, les habitants de Cosne demandent des secours, et ils ont d'autant plus lieu de les espérer que leurs contributions annuelles sont considérables.

Article 39. — *Suppression du privilége des pataches.* — Le privilége des voitures appelées pataches est extrêmement onéreux au peuple et donne lieu journellement à des exactions révoltantes de la part des fermiers et sous-fermiers qui ne sont retenus par aucun frais et peut-être aussi par aucun tarif. Les inconvénients qui en résultent ont été démontrés avec tant de solidité par le mémoire qui vient d'être remis à l'assemblée, que l'assemblée ne croit devoir se dispenser de le joindre aux cahiers comme pièce justificative en cette partie (1).

Conclusion. — Le mémoire fait sur les pataches, signé Foing et autres, sera joint aux cahiers qui sera remis à l'assemblée, laquelle sera suppliée de l'insérer dans le cahier général du bailliage et de solliciter la suppression du privilége des pataches.

Signé : Grangier-Desmaliers, de Beaubois des Grandes Maisons, Goisot, Denoireterre, Ferrand, Periot, Tron, Camus, Baille, Lerasle, Buisson, Chaumorot, Maignan de Chazelle, Saillant, Legros, Vée, Guillier, Biron l'aisné, Vée l'aisné, Guyot, Ferrand, A. Foing, Piot, Guilleraut, Fougnot, Le Brun, Quillier-Lamotte, Dugué, Jacques Jolivet, Quillier Pierre, Breuzard, maire, Breton, Davin, Frossard, Lemoine, Moreau, B. Pinon, Barthelemy, Bruand, Dugué, Foing, Dujardin, Pinon, Chaucuard, Bouquet, Lempereur, Frossard, Serveau, Denis, Saujot, Beaubry, Rougt, Morot, Bonneau, Despatis, Saillant, Foing, Morot, Bougé, Durand, Desplaces, Coqueval, Desgranges, Coupe, Bouché, Aton, Mezière, Camus, Moreu, Mollet, Paquier, Perreau, Batteau, Haton, Pierre Bonnin, Mercier, Biron, Renier, Bertrand, Lebeuve, Racoud, Cartillié fils, Loiseau, Gallard, Bertrand, Auger, Deschamps, Narjot, Bonnot, Ravot, Gariel, Gibault,

---

(1) Le mémoire contre le monopole des pataches, dont il est question dans cet article, se trouve à la suite de ce cahier. Il est très long ; le style en est diffus et très incorrect, et comme la matière qui en fait l'objet ne présente qu'un intérêt fort restreint, nous avons pensé qu'il était inutile de le reproduire.

Frainiot-Dejérusalem, Foing, Caradicot, Millon, Lejay, Buhard, F. Dalligny, Billebault de Boisgirard, docteur en médecine de l'université de Montpellier, conseiller du Roy, son médecin ordinaire, et ancien maire de la ville de Cosne ; Rameau de Saint-Père, échevin, Lement, greffier.

Le présent cahier, formant la seconde partie du cahier général de la ville et communauté de Cosne, coté par première et dernière page et paraphé *ne varietur* au bas d'icelles par nous, François-Augustin Grangier-Desmaliers, avocat en parlement, bailly, juge magistrat ordinaire, civil, criminel et de justice au bailliage de la ville de Cosne-sur-Loire, l'assemblée des habitants de ladite ville tenante le 16 mars 1789.

Signé : Grangier-Desmaliers.

VARZI.

Doléances, vœux et demandes des habitants de la municipalité de la ville de Varzi.

Nous, habitants de la municipalité de Varzi, fidèles sujets de Votre Majesté, assemblés pour faire parvenir jusqu'à son trône la joie extrême et la reconnaissance sans borne dont nous sommes pénétrés pour la convocation des États-Généraux et l'égalité des représentants accordés au Tiers-État par Votre Majesté, formons les vœux les plus ardents qui ne tendent qu'à demander au seigneur la continuation de cette bienveillance paternelle de Votre Majesté, sans cesse attentive à rendre à chaque ordre de ses sujets les droits que les loix et la nature lui assurent.

Votre Majesté a le droit le plus sacré à notre amour et à notre reconnoissance. Votre nom doit être placé avec ceux des Louis XII et des Henri IV, dont les noms sacrés et chéris ne sont prononcés qu'avec respect par une nation orgueilleuse de l'attachement qu'elle a pour ses Rois.

Quel sublime enthousiasme pour nous et pour nos neveux de transmettre à la postérité la plus reculée les augustes bienfaits de Votre Majesté et du ministre infatigable et zélé pour sa gloire (nouveau Sully) que Votre Majesté s'est choisi pour développer à la nation et à l'Europe entière le plan de gouvernement qu'elle s'est tracée en montant sur le trône le plus brillant de l'univers !

La providence avait réservé à Votre Majesté le rétablissement des droits du Tiers-État, si longtemps méprisé par deux ordres distingués par leurs places et leurs richesses. S'il nous est permis de joindre nos espérances à celles du meilleur de nos Rois, nous sommes persuadés que ce bienfait de Votre Majesté, qui sera à jamais consigné dans les fastes de la monarchie française, est un heureux présage pour l'avenir ; et comme nous sommes entièrement résolus de faire tous nos efforts pour assurer la splendeur de votre couronne et la félicité de votre royaume, nous assurons à Votre Majesté qu'elle sera secondée selon toute l'étendue de nos facultés, pour le rétablissement de ses finances et la prospérité de son empire.

Les vœux d'équité qui n'ont cessé de diriger M. le directeur général dans le résultat du conseil du 27 décembre dernier (1788) et qui ont porté Votre Majesté à rendre au Tiers-État les droits dont il jouissait dès l'origine de la monarchie nous sont de sûrs garants de la réussite des intentions de Votre Majesté pour le bien et la prospérité de ses peuples.

C'est dans cette confiance que nous avons dans les bontés personnelles de Votre Majesté que nous présentons nos doléances et demandes pour y être fait droit par les Etats-Généraux qu'elle a fait convoquer à cet effet.

DOLÉANCES.

Varzi, petite ville de la généralité d'Orléans, élection de Clamecy, régie par la coutume d'Auxerre et ressortissante du bailliage et présidial de cette ville, est, depuis Saint-Germain, qui vivait au commencement du ve siècle, l'apanage le plus considérable des évêques d'Auxerre, qui en sont seigneurs spirituels et temporels et qui nomment les officiers de justice ; éloignée de sept lieues de la Loire, de trois lieues de Clamecy, chef-lieu de l'élection, et de douze lieues d'Auxerre, n'a aucune espèce de commerce faute de rivière, par la raison que les chemins qui y abondent sont impraticables, et ce n'est même que depuis peu d'années qu'on a ouvert sur son territoire une route pour communiquer avec la ville d'Auxerre, passant par Clamecy, dont il n'y a qu'une lieue de faite.

Le pays est montueux en grande partie, couvert de bois dont le seigneur est le plus grand propriétaire. Le surplus est possédé par la ville et quelques particuliers. Les terres labourables y sont en général médiocres et la moindre portion située dans les vallées est bonne. Partie de ces terres est chargée de redevances en bled, orge, avoine et argent envers la seigneurie de Varzi et autres seigneurs, et toutes assujetties à une dixme qui est fixée à la dixième partie de la récolte.

Les prés et patures printanniers suffisent à peine pour l'entretien et nourriture des bestiaux nécessaires au labour, ce qui prive les habitants de pouvoir faire des engrais.

Les montagnes, sur la majeure partie de leurs aspects, sont plantées de vignes d'un produit et d'une qualité médiocres et d'un entretien très dispendieux, grévées en outre de la plus onéreuse dixme du royaume, les propriétaires étant obligés de rendre, conduite à leurs frais, la dixième partie de la récolte dans le ban ou vinée du seigneur.

De plus, les vins sont assujetis à des droits d'inventaires de 4 livres 13 sols 8 deniers par muid de vin contenant 280 pintes et à un droit de 21 sols lors de la vente, non compris les droits de quittance. Les vins sont consommés dans la localité, vu que les chemins vicinaux sont presque impraticables.

De la position de la ville de Varzi, il résulte, comme il est exposé ci-dessus, qu'il n'y a ni ne peut y avoir de commerce ; que le tiers des habitants y est très malheureux et que dans les temps fâcheux de l'hiver et de la cherté du pain il ne subsiste que des charités de ses concitoyens.

Cependant cette ville est surchargée de tailles ; elle en paye annuellement 14,706 livres 1 sol 10 deniers, non compris l'industrie et les vingtièmes.

Cette ville est, en outre, sujette aux fréquents passages de troupes, recrues et remontes venant des provinces d'Alsace, Franche-Comté et Bourgogne et des provinces d'Angoumois, Poitou, Bretagne, Touraine, Berry, Bourbonnais et Nivernais, ce qui lui fait un nouveau genre d'impôt.

VOEUX.

Article 1er. — Supplient les habitants Sa Majesté de laisser réunie à la généralité d'Orléans l'élection de Clamecy, unissant leurs vœux à ceux de la noblesse de ladite élection.

Article 2. — D'établir des Etats provinciaux dans ladite généralité et prient M. le Directeur général des finances de faire agréer leurs vœux à Sa Majesté.

Article 3. — Que les voix soient comptées aux État-Généraux par tête et non par ordre.

Article 4. — Que le clergé, la noblesse et les privilégiés contribuent à toutes les impositions présentes et à venir par proportion égale à leurs propriétés respectives sur un seul et même rôle, et qu'ils jouissent, comme par le passé, de l'exemption de la levée et perception desdits impôts.

Article 5. — Sa Majestée sera supplié d'ordonner que ceux qui n'ont que du pécunier et des rentes soient imposés par proportion à tous les autres propriétaires.

Article 6. — Que les francs-fiefs soient supprimés.

Article 7. — Que la liberté soit accordée à tous les propriétaires de rembourser aux seigneurs et particuliers qui ont des droits féodaux toutes les rentes en grains, argent, cens et volailles, dixmes de grains, vins, chanvre et agneaux au prix qu'il plaira aux représentants de la nation d'arbitrer, pour servir d'indemnité aux seigneurs et propriétaires.

Article 8. — Relativement à celles qui seraient dues aux seigneurs de main-morte, que Sa Majesté sera suppliée d'établir des Etats provinciaux dans toutes les généralités et dans chacune y nommer un trésorier dans la caisse duquel seront versés tous les remboursements dont il paiera les intérêts annuels à MM. de main-morte, pendant la vie seulement des titulaires actuels, pour, après leur décès, retourner au profit de la nation.

Article 9. — Sa Majesté sera suppliée pour établir une parfaite égalité dans la perception de l'impôt et éviter l'immensité des frais de recouvrement d'établir un seul et unique impôt qui sera perçu en nature sur toutes les productions, même sur les bois, dont la coupe sera fixée irrévocablement à vingt années révolues.

Article 10. — D'établir une perception moins arbitraire dans la partie des domaines.

Article 11. — De supprimer les aides et gabelles, rendre le sel et le tabac marchands, et de ce dernier objet en permettre la culture dans le royaume.

Article 12. — La suppression de toutes les charges vénales ; que tous les impôts soient levés gratuitement dans tous les différents districts établis dans les Etats provinciaux et déposé sans frais au trésorier général de chaque état provincial, s'en rapportant à l'assemblée pour fixer le genre d'indemnité qui sera attribué à ceux qui en feront la perception.

Article 13. — La suppression de tous les priviléges d'imposition accordés aux titulaires des charges, désirant qu'elles soient toutes supprimées et qu'elles soient données à l'avenir sans avoir égard à la naissance, mais seulement au vrai mérite, et dont le choix serait fait par la voie du scrutin aux Etats provinciaux.

Article 14. — Laisser la liberté du commerce à tout le monde, sans dérogeance, tant à la noblesse qu'aux privilégiés.

Article 15. — L'égalité des poids et mesures dans tout le royaume, ainsi que pour l'arpentage.

Article. 16. — Sa Majesté sera très humblement suppliée de ne faire qu'une seule coutume dans tout le royaume et ordonner l'exécution de son édit du mois de may 1788.

Article 17. — La réforme des ordonnances civiles et criminelles pour l'abréviation des procès et diminution des frais ; un règlement général des honoraires et vacations, et, pour la plus prompte expédition des affaires, qu'il soit formé des arrondissements dans les chefs-lieux de deux lieues et plus, et d'accorder aux juges la faculté de juger souverainement et sans appel desdits arrondissements jusqu'à la somme de 100 livres.

Article 18. — Qu'aucun particulier ne puisse posséder deux offices soit royaux, soit seigneuriaux, et que ceux qui se trouveront pourvus de plusieurs offices soient tenus de faire leur option.

Article 19. — Que tous les procès concernant les bois soient jugés en première instance par le juge des lieux où les délits seront commis.

Article 20. — Que les procès soient instruits criminellement à tous les banqueroutiers frauduleux, et, à ce moyen, supprimer toutes les maisons qui leur servent de retraite, et de supplier Sa Majesté de ne plus accorder de lettres de sursis.

Article 21. — D'abolir tout ce qui peut annoncer l'usure sous telles peines qu'il plaira à la nation d'infliger.

Article 22. — Sa Majesté sera suppliée d'ordonner la réformation des communautés régulières, la suppression de toutes les petites maisons au-dessous de vingt moines et que les abbés soient tenus de résider dans leurs abbayes, et notamment la suppression des Bernardins, Bénédictins et Chartreux.

Article 23. — Sa Majesté sera suppliée de supprimer tous les bénéfices sans exercice utile au public, pour les biens dépendant desdits bénéfices être vendus après le décès de chaque titulaire, ainsi que ceux des maisons des ordres, dont la réduction et la suppression sont demandées dans l'article 22 au profit de l'Etat, pour effectuer plus promptement la liquidation des charges, et dont les deniers seront versés dans la caisse du trésorier de chaque état provincial.

Article 24. — Sa Majesté sera suppliée de supprimer les économats pour que les revenus de chaque bénéfice vacant soient administrés par chaque Etat provincial, et les deniers en provenant versés entre les mains du trésorier que Sa Majesté y aura établi.

Article 25. — Supplie, l'assemblée en corps, M. Necker de présider pour le Tiers-État aux États-Généraux.

Article 26. — Sa Majesté sera suppliée de supprimer les huissiers-priseurs dans les provinces, par les entraves qu'ils mettent dans la discussion des successions et leur défaut de résidence, de manière qu'ils absorbent, par les droits qui leur sont accordés, la meilleure portion des successions des gens de campagne.

Article 27. — Sa Majesté sera suppliée d'accorder aux curés de la ville la somme de 2,000 livres et dans la campagne celle de 1,200 livres, et 600 livres aux vicaires, dans les paroisses où ils sont nécessaires, pour leur tenir lieu de tous droits de dixmes et casuel et les posssesions qui seraient vendues au profit de l'Etat.

> Signé : Arnauld Desbarre, ancien maire, Raveau, ancien échevin, Durand, Housset, Ramillon, Rossignol, A. Vincent, Poyaux, P. Vincent, Colin, Léonard Dapoigny, Giraut, J.-Auguste Lion, Gautier, Guilleminot, Langeron, Gounot, Beuf, Ebrard, Burau, Rignaux, Savoird, Choulet de Vauvardin, échevin, Sellier, échevin, Duchesne-Demontaubain, maire, Gaudé, secrétaire.

LIGNORELLE.

Procès-verbal de nomination de députés.

Cejourd'hui 15 mai 1789, en assemblée convoquée au son de la cloche, en la manière accoutumée, ont comparu en la salle, lieu accoutumé à tenir les assemblées municipales, par devant nous M° Charles Cottin, lieutenant en la prévôté de Lignorelle, assisté de notre greffier ordinaire, sieur Edme Durey, syndic municipal de ladite paroisse, sieur Germain Hugot, Edme Mérat, Claude Joly, membres de ladite municipalité, Claude Tremblay, charron, Martin Fournier, gendre Bavot, Martin Papavoine, Claude Tupinier, gendre Joly, Jean Fournier, Edme Tremblay fils, Martin-Claude Guillé, Edme Joly, Edme Tupinier, Claude Fournier, gendre Tremblay, Félix Pigé, Claude Fournier, gendre Tupinier, Edme Tremblay, Alexis Pezé, Edme Pezé, Jean Tupinier, Jacques Tremblay, Claude Tremblay fils, Claude Tupinier, cordonnier, Martin Tupinier, tonnelier, Claude Philipeau, Claude Tremblay fils, Louis-Claude Fournier, gendre Papavoine, Claude Tremblay, gendre Fournier, Jen Hugot, Germain Hugot, gendre Mérat, Claude Joly jeune, Claude Pigé, gendre Tupinier, Claude Tremblay, dit Bisqnin, Alexis Pecheux, Martin Papavoine, gendre Pecheux, Edme Papavoine dit Chenot, Claude Pigé, Edme Pigé, Edme Tupinier, Edme Mérat, gendre Hugot, Martin Mérat, Edme Tupinier, gendre Joly, Jean Clamargot, Claude Joly, laboureur, Edme Tupinier fils, Claude-Edme Papavoine dit Laborasti, Jean Blaizot, François Tremblay, Jean Tupinier, gendre Clamargot, Nicolas Crochot, Edme Laventureux, Martin Pigé, gendre Papavoine, Martin Pigé, tous vignerons et manouvriers, tous nés français ou nationalisés, âgés de vingt-cinq ans, compris dans les rôles des impositions, habitants de Lignorelle, composé de 70 feux.

Lesquels, pour obéir aux ordres de Sa Majesté, portés par ses lettres données à Versailles le 24 janvier 1789, pour la convocation et tenue des Etats-Généraux de ce royaume, et satisfaisant aux dispositions du règlement annexé ainsi qu'à l'ordonnance de M. le bailly de Troyes, dont ils nous ont déclaré avoir eu parfaite connoissance tant par la lecture qui vient de leur en être faite que par la lecture et l'explication ci-devant faite au prône de la messe de paroisse par M. le curé, le dimanche 15 du présent mois, et par la publication et affiche faites à l'issue de ladite messe de paroisse, au devant de la principale porte de l'église, nous ont déclaré qu'ils allaient de suite s'acquitter de la rédaction de leur cahier de doléances, plaintes et remontrances. Et en effet, y ayant vaqué, ils nous ont présenté ledit cahier qui a été signé par ceux des habitants qui savent signer, et par nous après l'avoir coté par première et dernière page et paraphé *ne varietur* au bas d'icelle.

Et de suite lesdits habitants, après avoir mûrement délibéré sur le choix des députés qu'ils sont tenus de nommer, en conformité desdites lettres du Roy et règlement annexé, et les voix ayant été par nous reccueillies en la manière accoutumée, la pluralité des suffrages s'est réunie en faveur des sieurs Claude Tremblay, charron, et Claude Guillé, laboureur, qui ont accepté ladite commission et ont promis de s'en acquitter fidèlement.

Ladite nomination des députés ainsi faite, lesdits habitants ont, en notre présence, auxdits sieurs Tremblay et Guillé, remis le cahier afin de le porter à l'assemblée qui se tiendra le 19 du présent mois, devant M. le bailli de Troyes, et leur ont donné tous pouvoirs requis, à l'effet de les représenter en ladite assemblée pour toutes les opérations qui sont prescrites par l'ordonnance susdite de M. le bailli de Troyes, comme aussi de donner pouvoirs généraux et suffisants de proposer, remontrer aviser et consentir tout ce qui peut concerner les besoins de l'Etat, la réforme des abus, l'établissement d'un ordre fixe et durable dans toutes les parties de l'administration, la prospérité générale du royaume et le besoin de tous et de chacun des sujets de Sa Majesté.

Et de leur part lesdits députés se sont présentement chargés du cahier de doléances de ladite paroisse et communauté dudit Lignorelle, et ont promis de le porter à ladite assemblée et de se conformer à tout ce qui est prescrit et ordonné par lesdites lettres du Roy, règlement annexé et ordonnance du bailli.

De laquelle nomination de députés, remise de cahier, pouvoirs et déclarations, nous avons à tous les susdits comparants donné acte et avons signé avec ceux desdits habitants qui savent signer et lesdits députés notre présent procès-verbal, ainsi que le duplicata que nous avons présentement remis auxdits députés pour constater leurs pouvoirs.

Et le présent sera déposé aux archives du secrétariat dudit Lignorelle, lesdits jour et an.

    Signé : Tremblay, C. Guillé, G. Hugot, C.-M. Fournier, Edme Mérat, E. Pigé, E. Tupinier, Fournier, C. Tupinier, A. Pézé, Claude Joly, Edme Papavoine, G. Hugot, G. Hugot, Claude Fournier, C. Philipeau, Edme Mérat, P. Fournier, Edme Papavoine, C. Fournier, Edme Laventureux, C. Fournier, A. Pecheux, E. Durey, syndic, Pézé, greffier municipal, Cottin, G. Maillard.

Cahier des plaintes, doléances et remontrances des habitants de la paroisse de Lignorelle, du comté de Maligny.

Rédigé en vertu de la lettre du Roy et règlement pour la convocation des Etats-Généraux, fixée à Versailles, le 27 avril 1789, en conséquence de l'ordonnance de M. le grand bailli d'épée de la ville de Troyes, du 14 février dernier, en l'assemblée générale du Tiers-Etat de ladite paroisse de Lignoreilles, duement convoquée, ainsi qu'il est prescrit, publié, affiché et annoncé au prône de la messe paroissiale de Lignoreilles le dimanche 15 mars 1789.

ARTICLE PREMIER. — Les habitants dudit Lignoreilles demandent la suppression des gabelles et que le sel soit rendu commerçable ou marchand, que le prix soit par toute la France égal ; cette partie étant essentielle aux habitants de campagne, qui peuvent à peine se soutenir et où il faut même du sel jusqu'aux enfants au berceau.

ARTICLE II. — Lesdits habitants demandent aussi la suppression des aydes, qui est un impôt tyrannique et ruineux par les procès les plus injustes qu'on leur fait. Ils demandent que ces impôts soient représentés par une prestation en argent à raison de tant par arpent de vigne, ou bien qu'il soit payé en nature lors des vendanges.

ARTICLE III. — La réduction de la taille dont les habitants sont extrêmement chargés. Qu'elle soit payée aussi par les privilégiés et sans distinction de rôles. Ils observent que leur territoire est exposé sur des montagnes et très ingrat, et ne peut produire qu'à force d'engrais, et qu'une grande partie n'en peut être utilisée, étant remplie de ravins et de friches ; que les terres rapportent à peine leur semence et que les impôts absorbent la valeur du produit.

ARTICLE IV. — Le peu de près qui existent à Lignoreilles est très souvent inondé et à tel point que pendant des années on ne récolte point de foin. Néanmoins la taille et les vingtièmes sont portés à Lignoreilles qui ne renferme que 75 feux à 1,453 livres 18 sols 4 deniers, non compris les droits seigneuriaux qui sont exhorbitants, et surtout l'avoine de feu qui est d'un bichet et que cette redevance est en question avec le seigneur, et que les pièces ont été remises entre les mains de messieurs du bureau du département de Joigny pour en terminer l'instance (1).

ARTICLE V. — Les habitants demandent l'imposition territoriale et la continuation des assemblées municipales. Observent en outre lesdits habitants qu'ils payent le droit de champart dû au seigneur, qui dans des cantons est la douzième gerbe et dans d'autres la vingt-et-unième. Ils demandent à la payer uniformément sur tous les cantons.

ARTICLE VI. — Remontrent lesdits habitants que leurs possessions sont considérablement endommagées par le gibier, tel que lièvres et lapins ; qu'il serait à désirer pour eux que M. d'Aguesseau, seigneur de ladite paroisse, en fît tuer au moins moitié tous les ans.

Clos et arrêté en ladite assemblée générale desdits habitants du Tiers-Etat de la paroisse de Lignoreilles, tenue et présidée par nous soussigné.

> Signé : C. Tremblay, C. Guillé, Edme Mérat, G. Hugot, M. Fournier, Fournier, A. Pézé, E. Tupinier, Claude Joly, C. Tupinier, E. Papavoine, G. Hugot, J. Hugot, Claude Fournier, C. Philipeau, Edme Mérat, P. Fournier, Edme Laventureux, A. Pecheux, E. Durey, syndic, Pézé, greffier municipal, Cottin, G. Maillard.

Requête des habitants de Lignorelle à l'intendant de la généralité de Paris, afin d'obtenir qu'il soit procédé à l'adjudication des travaux de réparations à exécuter à leur église.

Monseigneur,

Monseigneur de Harlay, chevalier, comte de Cézy, conseiller d'Etat ordinaire, intendant de la généralité de Paris,

Supplient humblement les syndic et habitants de Lignoreilles,

---

(1) Un accord entre les seigneurs et les habitants passé devant notaire, le 16 février 1616, avait reconnu au seigneur le droit de percevoir sur chaque ménage un bichet d'avoine (mesure racle), et en retour à la com-

élection de Saint-Florentin, disant que leur église étant depuis longtemps dans un péril imminent, les supérieurs ecclésiastiques, dans le cours de leurs visites, les menaçoient depuis plusieurs années de l'interdire, ce qui ayant engagé les suppliants, dès l'année 1727, de se pourvoir par devant monseigneur d'Angervilliers, il auroit ordonné que, par un ou plusieurs experts qui seroient nommés par le sieur Leclerc, son subdélégué, il seroit procédé à la visite de leur dite église, pour être dressé un devis estimatif des réparations qui y seroient jugées nécessaires à la charge des habitants, et ensuite procédé, en présence dudit sieur Leclerc, à l'adjudication au rabais des ouvrages. En conséquence de quoy ledit sieur Leclerc ayant nommé des experts, ils auroient fait un devis estimatif par lequel ils auroient détaillé lesdites réparations, dont le total se seroit trouvé monter à une somme de 4,000 livres. Mais parce que cette somme étoit considérable et que les suppliants ne voyoient point de ressources pour y subvenir, les choses en seroient demeurées là jusqu'à ce que le péril de leur église augmentant de plus en plus et les menaces de l'interdire sur le point d'être réduites à effet, les suppliants ont cru qu'en retranchant de leur église la première croix d'ogive, en entrant, et ôtant leurs cloches de dessus la voûte de leur église, la dépense de cette réparation pourroit diminuer considérablement, en ce que des matériaux provenant de la démolition de cette première croisée ils pourront faire faire une petite tour au devant de leur église. En conformité de quoy l'expert qui auroit précédemment vacqué à la visite a réduit sur ce plan le prix de ces réparations à la somme de 2,220 livres, et quoy que les suppliants, dans l'acte d'assemblée qu'ils ont fait expédier devant le juge de Lignoreilles, le 22 avril présent mois, lequel est attaché, ainsi que ledit nouveau devis à la présente requeste, paroissent avoir expliqué leurs besoins suffisamment et leur intentions; néanmoins comme elles ne peuvent être mises dans un trop grand jour, ils ont cru devoir remontrer à Votre Grandeur que les 2,220 livres qui constituent le prix de ces ouvrages, les corvées qu'ils entendent faire iront au-delà de 2,220 livres ; que des

---

munauté celui de faire paturer ses bestiaux dans les bois seigneuriaux. Depuis quinze ans la communauté, bien que payant toujours l'avoine de feu, s'était vue privée de son droit de pâturage. Elle demandait en conséquence la suppression de cette redevance.

En 1789, le seigneur de Lignorelle était Jean-Baptiste Paulin d'Aguesseau de Fresne, conseiller d'Etat, membre du conseil des dépêches du roi, ancien maître des requêtes, comte de Campan-la-Ville.

2,000 livres restant il feront, avec 300 livres qu'ils ont déjà entre leurs mains, une somme de 400 livres qui sera payée d'avance à l'adjudicataire; qu'enfin les 1,600 livres ou peut-être moins qui resteront peuvent être imposées sur eux en quatre années, à raison de 400 livres par chacun an, sauf telle diminution qu'ils ont lieu d'attendre de la charité de Sa Majesté et du zèle de Votre Grandeur, sur leurs impositions ordinaires, suivant qu'il s'est déjà pratiqué en quelques paroisses voisines de celle de Lignoreilles. Pourquoy ils ont été conseillés de vous donner la présente requeste.

Ce considéré, Monseigneur, il vous plaise d'ordonner que l'adjudication des réparations de l'église de Lignoreilles se fera sur le pied ci-dessus, par devant M⁰ Leclerc, votre subdélégué à Saint-Florentin, et ordonner pareillement que l'imposition des 1,600 livres qui se trouveront manquer se fera dans le cours de quatre années sur les suppliants, sauf telle diminution qu'il vous plaira solliciter auprès de Sa Majesté, sur leurs impositions ordinaires.

Et les suppliants continueront leurs prières pour la santé et prospérité de Votre Grandeur.

Signé : E. Joly, Et. Joly, C. Tupinier, F. Papavoine, Edme Tupinier, Philippe Delaroche.

Cette requête fut agréée par l'intendant. L'adjudication de ces travaux en fut faite à Lignorelle, par devant M⁰ Legras, écuyer sieur de Nemours, subdélégué à Saint-Florentin, le 10 juillet 1731, au sieur Blaise Belac, entrepreneur à Auxerre, paroisse Notre-Dame-la-d'Hors, au prix de 1,850 livres.

Etat des revenus et charges de la communauté de Lignorelle
(1788).

A Messieurs les Procureurs syndics du département de Joigny et de Saint-Florentin.

Du 5 mars 1788, le sieur Durey, syndic, a fait part à l'assemblée d'une lettre à lui adressée par MM. les procureurs syndics du département de Joigny et de Saint-Florentin, par laquelle ces messieurs demandent un état écrit et détaillé des revenus et charges de cette communauté et de la manière de les administrer.

Sur quoy, les voix recueillies, il a été reconnu unanimement que ladite paroisse de Lignorelle n'a toujours possédé de tout temps de biens fonds que la quantité d'environ 100 arpents de terre sous le nom d'usages, dont il y en a environ cinquante de labourables de très mauvaise qualité et tout le reste en friche et hors d'état de culture, à cause des ravins fréquents occasionnés presque tous les ans par les inondations ; que lesdits cinquante arpents labourables se partagent tous les trois ans dans la communauté de temps immémorial ; que sur cette quantité de terres labourables il y en a vingt arpents ou environ amodiés à différents particuliers de la paroisse, conformément au bail passé devant M⁰ Bouchereau, notaire à Maligny, lequel bail doit expirer dans le courant du mois prochain et rapporte par an à ladite communauté la somme de 26 livres, ci...................... 26 l. »» s.

Que lesdits cent arpents de terre sont chargés de payer les cens au seigneur, qui se montent à la somme de 3 livres 18 sols ; laquelle somme jointe à celle de 6 livres 8 sols qu'il faut payer tous les ans pour les droits dus au Roy pour le bail desdits vingt arpents fait celle de 10 livres 6 sols ; laquelle déduite de celle ci-dessus énoncé ne fait plus que celle de 15 livres 14 sols, qui compose en tout en argent le seul revenu de la communauté, ci .... 15 l. 14 s.

Que ladite communauté est chargée de l'entretien ou reconstruction, si le cas y échet, d'une maison à elle appartenant, pour la tenue des écoles de la paroisse, laquelle a été réparée presque à neuf, il y a environ huit ans ; ce qui se monte à la somme de 6 livres, ci... 6 l. »» s.

Laquelle somme déduite de celle ci-dessus ne fait plus que celle de 9 livres 14 sols, ci......................... 9 l. 14 s.

Que ladite communauté est encore chargée, comme partout ailleurs, de l'entretien des murs et clôture du cimetière, lesquels murs sont en si mauvais état qu'il faut les reconstruire incessamment.

En outre, de l'entretien des vitres des chapelles et de la nef de l'église, de l'entretien des cloches et surtout du beffroi qui n'est point solide et en mauvais état, que l'on ne peut plus sonner la plus grosse des cloches, et qu'il faut qu'il soit réparé à neuf ou au moins en très grande partie.

Enfin que ladite communauté est encore chargée de la réparation des chemins de déblave, qui sont presque tous impraticables dans toute l'étendue de la paroisse, à cause des ravins qui se pratiquent de chaque côté dans les coteaux et montagnes, dont plusieurs ont jusqu'à dix-huit pieds de profondeur, tellement que les voituriers sont forcés de faire un circuit d'une bonne demi lieue pour amener les récoltes des vendanges et des environs à Lignoreilles, comme il est notoire dans le chemin qui conduit dans la vallée de Vauprin ; cette partie des chemins étant totalement négligée depuis plusieurs années, tant par le défaut de moyens que par la négligence des préposés à la police.

Et encore des frais de voyage et autre dépenses à la charge du syndic, portés ici pour mémoire.

Fait et arrêté les jour et an que dessus. Et ont signé la présente délibération tous les susdits membres électifs de l'assemblée municipale :

Bougaut, curé de Lignorelle, Edme Durey, syndic municipal, G. Hugot, Edme Mérat, Claude Joly, Louis Pigé, greffier.

(Extrait des registres des délibérations de l'assemblée municipale de Lignorelles).

www.ingramcontent.com/pod-product-compliance
Lightning Source LLC
Chambersburg PA
CBHW070711050426
42451CB00008B/591